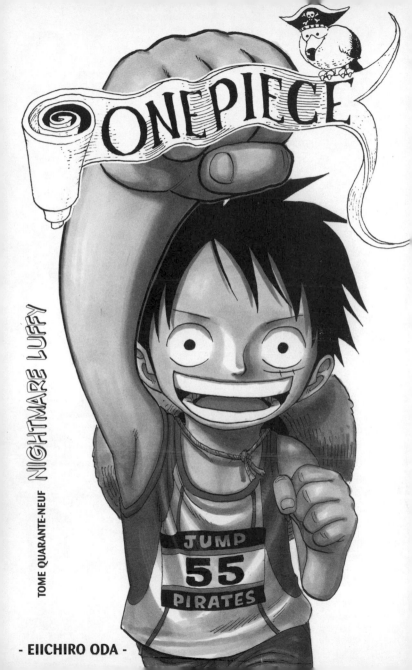

Musicien ramené à la vie par le fruit de la résurrection. Il est à la poursuite de l'homme qui lui a dérobé son ombre.

BROOK

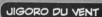

Zombie animé par l'ombre de Luffy.

ODZ, "LE DÉMON"

Zombie animé par l'ombre de Zorro.

JIGORO DU VENT

Zombie animé par l'ombre de Sandy.

CLEBS

Zombie animé par l'ombre de Brook.

RYUMA LE SAMOURAÏ

L'ÉQUIPAGE DE CHAPEAU DE PAILLE

Le garçon élastique dont le rêve est de devenir le seigneur des pirates !

MONKEY D. LUFFY

Son ambition est de devenir le plus grand manieur de sabres du monde ! On le surnomme "le chasseur de pirates".

ZORRO RORONOA

Une voleuse spécialisée dans le dépouillage de pirates. Elle les déteste plus que tout au monde.

NAMI

Pipo est un homme d'honneur et il n'hésite pas à s'en vanter ! Son père fait partie de l'équipage de Shanks le roux.

PIPO

Le cuisinier au grand cœur. Son but est de trouver "All-Blue", la mer légendaire. Mais plus que les poissons, Sandy aime les femmes !

SANDY

Un drôle de renne au nez bleu qui a décidé de perpétuer l'enseignement du Dr Hiluluk.

TONY-TONY CHOPPER

Une jeune femme mystérieuse à la recherche du "rio poneglyphe", la stèle sur laquelle est inscrite la véritable histoire.

NICO ROBIN

Un cyborg sentimental un peu taré sur les bords et à la larme facile. Il est très compétent dans la construction de navire.

FRANKY

L'ère est aux forbans. Ils affluent sur toutes les mers, à la recherche du "One Piece", le fabuleux trésor laissé par le légendaire seigneur des pirates, Gold Roger. Fasciné par cet univers, Luffy décide de prendre la mer pour, un jour, devenir le plus grand des pirates !!

À bord du *Thousand Sunny*, leur nouveau bateau, nos héros font route en direction de l'île des hommes-poissons lorsqu'ils sont soudain assaillis par une tempête d'une violence inouïe qui les entraîne dans la zone mystérieuse du "Triangle de Florian". Ils croisent alors un vaisseau fantôme avec à son bord Brook, un squelette musicien qui respire la joie de vivre. C'est le début de nouvelles péripéties. Le *Sunny* est happé par Thriller Bark, une mystérieuse île fantôme peuplée de morts-vivants sous le contrôle de Gecko Moria, membre de l'ordre des capitaines corsaires.

Moria a le pouvoir d'arracher les ombres d'autrui pour créer des zombies en les implantant dans des corps rafistolés par le docteur Hogback. Brook, Luffy, Zorro et Sandy sont ainsi dépossédés de leurs ombres, et celle de Luffy est injectée dans le corps d'Odz "le démon", un géant effroyable qui semait la terreur dans son sillage voilà plus de cinq cents ans.

Pour récupérer leurs ombres, nos héros vont devoir vaincre Moria avant le lever du jour, car dans cet état, ils ne peuvent plus s'exposer aux rayons du soleil. Le temps est donc compté ! Luffy part à la poursuite de Moria, tandis que Zorro et le reste de la bande, après avoir éliminé Ryuma le samouraï et les trois abominations, se frottent à Odz. Mais la bataille est rude, pour ne pas dire désespérée...

THRILLER BARK

LES QUATRE ABOMINATIONS

Ancien membre de l'ordre des sept puissants corsaires

GECKO MORIA

Chirurgien hors pair aux allures de savant fou

DOCTEUR HOGBACK

Commandant des troupes zombies

ABSALOM

Commandante des zombies sauvages et des zombies-surprises

PERONA

VICTORIA CINDRY

HILDON

L'idole de Luffy. Il lui a confié son chapeau de paille.

SHANKS LE ROUX

- TOME 49 -

NIGHTMARE LUFFY

- SOMMAIRE -

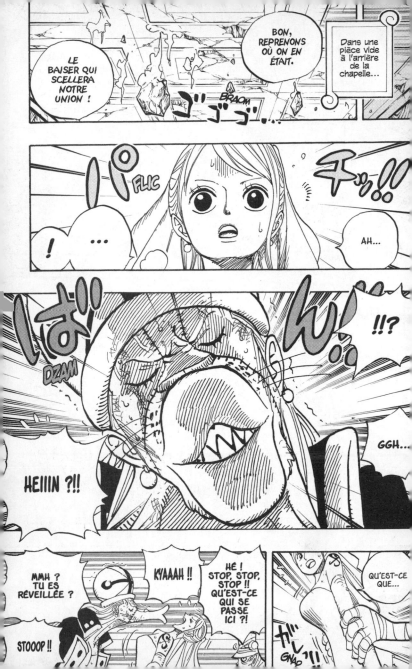

OH...
TU AS DÉCIDÉ
DE NE PAS FUIR
FINALEMENT... TRÈS
SAGE DÉCISION.

ZRAAF H!! H!!.. !!

HAA

!

TU N'AURAIS EU
AUCUNE CHANCE
D'ÉCHAPPER À
L'HOMME INVISIBLE
QUE JE SUIS.

HAA

ZOM

"THUNDER
CHARGE" !!

KZZZM
KZZZM

"JE SUIS
VENUE
À TON
SECOURS !"

"MON
AMIE !"

!!

TU N'AURAIS
JAMAIS DÛ
TRAITER
LAURA
COMME ÇA !

C'EST ÇA,
JETTE-TOI
DANS MES
BRAS !

TADA

KZZZ
KZZZ

ⴰ (Oda) : Hello, tout le monde ! Comment c'est-y que ça va bien ?!!
C'est moi, vous savez, l'auteur de ce manga ! Ce coup-ci, je suis bien décidé à lancer cette rubrique moi-même, sans me faire piquer le rôle ! Alors attention les oreilles...

C'EST PARTI POUR LES QUESTIONS QUE TOUT LE MONDE SE SHPLOF !

Je le crois pas... "shplof"... alors que c'est "pose"... c'est même pas un verbe... J'suis bon à rien... Je voudrais être réincarné en serviette de bain pour femme, tiens... (Un peu optimiste ?)

ⴰ (Lecteur) : Avec la répartie de Pipo et mon génie d'humoriste, je suis certain que nous formerions un duo comique inégalable. Ça ne vous dérange pas si on entame une carrière ? Et puis éventuellement, si vous pouviez nous trouver un nom, ce serait pas de refus.

ⴰ : Fantastique ! J'espère que le succès vous sourira ! Pour le nom, je propose "Les poltrons".

ⴰ : Dans ma famille, on est tous ultra méga fans de *One Piece* et on se délecte de chaque nouveau volume. Ces temps-ci, il nous a semblé percevoir du changement chez Robin, dans son attitude vis-à-vis du reste de l'équipage, elle semble plus amicale, non ? Ah, au fait, je vous informe que le matin au réveil, ma mère est le portrait craché de Brook !

ⴰ : Wow ! Ta mère en Brook ! Ça, c'est une maman funky ! Pour ce qui est de Robin, effectivement, elle s'est vraiment pleinement intégrée dans l'équipage en tant que membre à part entière depuis les événements d'Enies Lobby. Jusque-là, elle gardait toujours une certaine distance, mais à présent, elle ouvre son cœur aux autres, ce qu'elle n'avait jamais fait auparavant. Vous voyez, en plus des grands événements qui rythment l'aventure, j'essaie aussi de bien faire attention aux relations entre les personnages, aussi minimes les changements puissent-ils paraître.

CHAPITRE 472
À TERRE

ENER DANS L'ESPACE, 36ᵉ épisode :
"Bilca, la cité sur la lune. Migration sur la planète
bleue pour trouver de nouvelles ressources naturelles."

LAISSE-MOI JUSTE T'AVERTIR DE CE QUI SE PASSE SUR L'ÎLE.

NE T'INQUIÈTE PAS POUR MOI, NAMIZÔ.

ENFUIS-TOI VITE.

LAURA...

SMOCH

COMMENT FAIRE POUR EXTIRPER L'OMBRE DE LUFFY DE CE DANGER AMBULANT ?!

CE DOIT ÊTRE L'ESPÈCE DE GIGANTESQUE ZOMBIE QUI ÉTAIT DANS LA CHAMBRE FROIDE.

EST EN TRAIN DE FAIRE DES RAVAGES, IL DÉVASTE TOUT."

"LE SUPER ZOMBIE QUI A REÇU L'OMBRE DE TON AMI LE CHAPEAU DE PAILLE...

HAA

HAA

TAPTAP

C'EST ICI ! ET LA SERRURE EST OUVERTE, FORMIDABLE !

AVEC TOUS LES RISQUES ENCOURUS, JE NE VAIS PAS REPARTIR D'ICI LES MAINS VIDES !

GWOOO

MAIS AVANT ÇA, DIRECTION L SALLE DES TRÉSORS !

J'AI BIEN PRIS SOIN DE VÉRIFIER SON EMPLACEMENT

: M'sieur Oda ! À quoi aurait ressemblé Califa si elle s'était trompée et avait mangé le fruit du bovidé, modèle girafe ?

: Eh bien, sans doute à quelque chose comme ça. C'est pas si mal, je trouve.

: Bonjour ! C'est la première fois que je vous écris ! Dans le flash-back de Hogback, chapitre 468, Perona tient une peluche qui ressemble étrangement à Kumacy. Si c'est bien lui, comment a-t-il fait pour devenir aussi énorme ?

: Une question au sujet de l'envoûtante princesse de Thriller Bark, j'ai nommé Perona, bien sûr !

: J'adore Perona et ses sbires, et justement à propos de Mister Hippo, je me demandais s'il n'avait pas un rapport avec l'hippopotame gentleman qu'on aperçoit dans un épisode des mini-aventures omnivores de Wapol (c'était durant l'aventure sur Skypiea, je crois bien). Perona serait-elle fan des jouets de Wapol ?

: Eh bien, dites donc, vous êtes vraiment très observateurs. Tout d'abord, concernant Kumacy, non, ce n'est pas une peluche qui aurait grandi. En vérité, Perona aime beaucoup demander à Hogback de lui confectionner des zombies à l'image de ses poupées préférées. Donc il est probable qu'elle ait trouvé quelque part une peluche de Wapol et qu'elle ait demandé à Hogback de lui fabriquer un zombie à son modèle.

CHAPITRE 473
BARTHOLOMEW KUMA

ENER DANS L'ESPACE, 37e épisode :
"Une armée de fidèles et de la Vearth à perte de vu

DITES DONC, LÀ ! FAUT PAS SE GÊNER !!

C'EST UNE DES PIRATES !

!

QUI C'EST, CELLE-LÀ ?!

TU MANQUES PAS DE TOUPET, MA PAROLE !!

TU CROYAIS QUE J'ALLAIS TE LAISSER RAFLER TOUS LES TRÉSORS ET NOUS VOLER LE SUNNY EN PRIME ?!!

JE... JE N'AI RIEN À VOIR AVEC MAÎTRE... EUH, JE VEUX DIRE AVEC GECKO MORIA !!

D'AILLEURS, JE M'APPRÊTAIS À QUITTER CETTE ÎLE !

TU ES AU SERVICE DE MORIA ?

BRR BRR

QUELLE DESTINATION CHOISIRAIS-TU ?

VRAIMENT... ET POUR UN VOYAGE D'AGRÉMENT...

HEIIIN ?! IL TAILLE LA BAVETTE ?!

MAÎTRESSE PERONA !! QU'EST-CE QUI VOUS PREND ?!

ELLE LUI A RÉPONDU !!

POUR DES VACANCES...

QUOI ?! ÇA RIME À QUOI, CETTE QUESTION À BRÛLE-POURPOINT ?!

RIEN DE TEL QU'UN BON VIEUX CHÂTEAU TOUT LUGUBRE ET MOISI AVEC DES CRIS DE REVENANTS QUI DÉCHIRENT LA NUIT...

JE M'Y DÉLASSERAIS EN ENTONNANT DE DOUCES FORMULES DE MALÉDICTION...

BWOF...!!

INUTILE QUE JE TE DEMANDE DE M'INDIQUER OÙ SE TROUVE MORIA.

AVEC UNE ATTITUDE AUSSI BELLIQUEUSE...

POUF

OÙ EST-ELLE PASSÉE ?

?!

?!

?!

SWUP

MAÎTRESSE PERONA S'EST VOLATILISÉE !!

NON MAIS VOUS AVEZ VU ÇA ?!!

MAÎTRESSE PERONA !!?

?!

GYAAAAAAAAAAAAH

C'EST IMPOSSIBLE ! OÙ EST MAÎTRESSE PERONA ?!

EST-CE BIEN VRAI ?

ON PRÉTEND QUE MONKEY D. LUFFY A UN FRÈRE.

HEIN ?!

!!

TU VEUX PARLER D'ACE ?

POURQUOI CETTE QUESTION ?

CE... C'EST EXACT...

IL S'EST TÉLÉPORTÉ, OÙ QUOI ?!

J'HALLUCINE... COMMENT EST-IL ARRIVÉ LÀ ?!

NE TE REGARDE PAS.

AH !

CE QUE JE SUIS VENU FAIRE...

ET ALORS ?! QUE VEUX-TU À LUFFY ?! QU'EST-CE QUE TU VIENS FAIRE ICI ?!

MMH... C'ÉTAIT DONC VRAI...

ALORS LÀ, IL Y A UN VRAI PROBLÈME... SI C'EST BIEN APRÈS LUFFY QU'IL EN A, JE DOIS VITE LE PRÉVENIR !

TU ES VRAIMENT L'UN DES PUISSANTS CAPITAINES CORSAIRES ?!

THRILLER BA

C'EST FINI POUR TOI, MORIA !!

JE TE TIENS !!

CE COUP-CI, TU PEUX PLUS T'ÉCHAPPER !

VA FALLOIR TE BATTRE ! ET TU VAS RENDRE LES OMBRES DE TOUT LE MONDE, JE TE LE GARANTIS !!

UNE OMBRE ?

J'ME SUIS FAIT AVOIR !!

RAÂH ! C'EST PAS VRAI !!

À présent, la limite fatidique du lever du jour se rapproche dangereusement.

J'SAIS MÊME PAS OÙ J'SUIS !!

M. Oda !! Voici

futur

CHAUD
DEVANT !

L'homme du futur !!

Ça vous la coupe, hein ?! ★

O : Euh... Ouais, ouais... "Chaud devant !", ça veut dire quoi au juste ? C'est n'importe quoi, ce dessin !! (Nggrrr !!)
Hem... Excusez-moi, je me suis un peu emporté. Ce n'était pas un comportement digne d'un adulte responsable. Passons donc à la lettre suivante.

L : J'ai ouvert un restaurant de nouilles au sarrasin !

O : On s'en fout !! (Nggrrr !!) Haa... Haa... Oups... Décidément, je dois être un peu sur les nerfs...

M. Oda ! C'est une question très sérieuse que je vous adresse ! Dans le flash-back du volume 3 où l'on voit Shanks et Buggy à l'époque où ils étaient mousses sur le navire de Gold Roger, il y a une scène où un membre de l'équipage les assomme tous les deux pour mettre fin à leur dispute. S'agirait-il de Gold Roger en personne, ou bien n'est-ce que l'un de ses hommes ?

Effectivement, Shanks et Buggy étaient tous les deux mousses à bord du navire du capitaine Gold Roger, mais ce personnage qui leur colle un bon coup sur le crâne n'est que son lieutenant. J'avais d'ailleurs donné des consignes très strictes à ce sujet à l'équipe de réalisation de l'animé pour qu'en aucun cas ils ne commettent l'erreur d'appeler ce personnage "capitaine".

Bonjour, M'sieur Oda ! Sans plus de préambule, ma question : Odz est franchement énorme, est-ce un géant ? Et si oui, vient-il d'Erbaf, lui aussi ?

Dans ta classe, il y a sûrement un gars qui est plus grand que les autres, non ? Eh bien, c'est la même chose. Odz est un géant, mais un géant particulièrement grand. En revanche, il n'est pas originaire d'Erbaf. Il existe plusieurs îles peuplées de géants. Odz est un barbare originaire de l'une d'elles.

CHAPITRE 474
IL FAUT LE RÉTAMER !!

ENER DANS L'ESPACE, dernier épisode :
"Les batteries rechargées et une armée à ses pieds !!"

WUSH

REVIENS ICI, SALETÉ D'OMBRE !!

SLORB

HAAAA

J'SAIS MÊME PAS OÙ JE SUIS !!

T'AS PAS LE DROIT DE ME PLANTER LÀ !!

...

HAA

SWISH

EH ! OH !!

AH OUI, LE PROBLÈME, C'EST D'EN FINIR AVANT LE LEVER DU JOUR, AUTREMENT...

ALORS LÀ, ÇA CRAINT ! J'AI PROMIS À TOUT LE MONDE DE LIBÉRER LEURS OMBRES, MAIS C'EST MAL PARTI !

JE VAIS ME DISSOUDRE DÈS QUE LES RAYONS DU SOLEIL ME TOUCHERONT ! J'AI INTÉRÊT À ME GROUILLER PARCE QUE LA NUIT TOUCHE À SA FIN ! C'EST PAS LE MOMENT DE LAMBINER !

QU'EST-CE QUI SE PASSE, DÉJÀ, SI JE RÉCUPÈRE PAS LA MIENNE ?

HAAAA

TODOM

SWUSH

CE BON VIEUX
"TYRAN" !!

LE SEUL
DES PUISSANTS
CAPITAINES
CORSAIRES QUI
OBÉISSE SAGEMENT
AUX DIRECTIVES DU
GOUVERNEMENT
MONDIAL.

...

MAÎTRE
MORIAAA !!

ZLURSH

SWUSH

9 !!

QUE VOULEZ-VOUS
QUE ÇA ME FASSE ?
DU MOMENT QUE NOUS
SOMMES SUR L'EAU,
ÇA NE CHANGE RIEN.

GWOO

QUI PLUS EST, JE
REÇOIS EN CE MOMENT
MÊME UN HÔTE DE
MARQUE, ALORS NE
VENEZ PAS ME
DÉRANGER !

QUELLE DESTINATION CHOISIRAIS-TU ?

DIS-MOI, POUR UN VOYAGE D'AGRÉMENT...

ALLEZ, VAS-Y, JE SUIS TOUT OUÏE ! EXPLIQUE-MOI DONC QUELLE VILAINE INTRIGUE ME VAUT L'HONNEUR DE TA VISITE !

ILS DOIVENT TENIR À TOI COMME À LA PRUNELLE DE LEURS YEUX, HEIN ?

JE NE SUIS PAS NÉ DE LA DERNIÈRE PLUIE, JE CONNAIS TES POUVOIRS !

ÉPARGNE-MOI CE COUPLET, TU VEUX ?

C'EST POUR ME CHERCHER DES CROSSES QUE T'ES VENU ?!

J'AI ÉTÉ CHARGÉ DE TE TRANSMETTRE UNE INFORMATION.

DÉPÊCHE-TOI DE CRACHER LE MORCEAU ! QU'EST-CE QUE TU FAIS ICI ?!

!!

À VRAI DIRE, JE CRAINS PLUTÔT QUE CE NE SOIT EXACTEMENT L'INVERSE... MAIS BREF.

...

ENFIN, COMME ÇA LE TROU EST BOUCHÉ ET TOUT EST BIEN QUI FINIT BIEN, HEIN ?

?

EN CE MOMENT, LE GOUVERNEMENT A UN SUJET D'INQUIÉTUDE QUI LE TRACASSE.

L'ÉQUILIBRE DU MONDE EST PRÉSERVÉ, PAS VRAI ?

COMPRENDS-TU CE QUI INQUIÈTE LE GOUVERNEMENT, À PRÉSENT ?

DEPUIS LES ÉVÉNEMENTS D'ENIES LOBBY, IL SURVEILLE D'UN ŒIL ATTENTIF LES AGISSEMENTS DE L'ÉQUIPAGE DU CHAPEAU DE PAILLE.

?

OR, EN VÉRIFIANT LE CAP POUR L'ÎLE DES HOMMES-POISSONS EN PARTANT DE WATER SEVEN, IL S'AVÈRE TRÈS PROBABLE QU'ILS FASSENT UNE HALTE ICI.

L'UN DES CAPITAINES CORSAIRES.

IL CRAINT QUE LE CHAPEAU DE PAILLE N'ÉLIMINE ENCORE...

!!

: Dans le film de Chopper (*Bloom in the winter, Miracle Cherry*), je me demandais... Il se gèle pas un peu, Franky, habillé comme ça ?

: C'est aussi ce que je me suis dit en voyant les premiers dessins réalisés par l'équipe de production. Je me suis demandé s'il fallait faire la remarque ou bien laisser passer. Et au final, je me suis dit que pour Franky, le froid ça n'existe pas ! Tout ce qui compte, c'est le fun !
(Même si les cyborgs sont normalement sensibles au froid.)

: Question !
"Edward Newgate, dit Barbe Blanche", "Marshall D. Teach, dit Barbe Noire", "Thatch, le commandant de la 4e flotte"... Les noms de ces trois personnages ne seraient-ils pas inspirés du fameux Edward Teach (parfois Edward Thatch), dit Barbe Noire, qui sévit dans les mers des Caraïbes au XIXe siècle ?

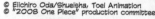

: Eh oui, effectivement. Pour Barbe Blanche et Thatch, je n'ai repris que le nom, mais pour Barbe Noire, le personnage m'a vraiment servi de modèle. Barbe Noire possédait plusieurs noms, dont "Thatch", "Drummond"... Sa barbe était faite de longues tresses, de son chapeau s'élevait de la fumée, et il portait six mousquets et trois épées. Un véritable monstre sorti de l'enfer. Il y a de nombreuses anecdotes à son sujet. Par exemple, on dit que pour manifester son autorité, il lui arrivait d'abattre un de ses hommes, comme ça, sans prévenir. On raconte aussi qu'il avait un formidable trésor qui n'a toujours pas été retrouvé. Si le cœur vous en dit !

FOUCHTRA !

CHAPITRE 475
LES PIRATES DE LA FORÊT

CE N'EST PAS ENCORE TERMINÉ, ODZ ! IL LUI RESTE UN SOUFFLE DE VIE !

ACHÈVE-LE !!

OUI, MAÎTRE.

SBRAM

IL PEUT PLUS SE DÉFENDRE !!

ÇA SUFFIT COMME ÇA !!

DASH

!!

AH ! CE GROS NUAGE...

"FULGURO...

CHAPITRE 476
NIGHTMARE LUFFY

COUP D'BOULE"!!

DOBAM

"CHEWIIING...

TSHAP

ATTENTION!!

À MON CLONE...

INFILTRÉ À L'INTÉRIEUR D'ELLE !

MAIS À PRÉSEN...

L'OMBRE D'ODZ OBÉ...

DONC DANS LE CAS QUI NOUS INTÉRESSE, CE N'EST PAS L'OMBRE QUI OBÉIT AU CORPS...

MAIS LE CORPS QUI OBÉIT À L'OMBRE !! VOILÀ EN QUOI CONSISTE LA RÉVOLUTION !!

JE PEUX AINSI MODIF... SA FORME VOLONTÉ...

MAIS SOUVENEZ-VO... LA RÈGLE D... QUE LE COR... ET L'OMBRE... DOIVENT ÊT... IDENTIQUES...

DONC ODZ N'EST PAS ÉLASTIQUE, MAIS C'EST ENCORE PIRE !

MORIA PEUT LUI DONNER N'IMPORTE QUELLE FORME ! TU PARLES D'UNE MAUVAISE BLAGUE !

IL DEVIENT COMPLÈTEMENT INTOUCHABLE, LÀ !!

QUAND MORIA AGIT SUR SON OMBRE !

LE CORPS D'ODZ S'ALLONGE...

IL A RENVERS... LES PRINCI... ÉLÉMENTAI... DE LA NATURE...

DWOOSH

NE T'APPROCHE PAS DE LUI, ZORRO ! C'EST TROP DANGEREUX !!

• • •

GWOO

COMPTE TENU DE LA SITUATION, JE NE SAIS PAS TROP SI C'EST LE BON MOMENT POUR LEUR ANNONCER QU'UN AUTRE CAPITAINE CORSAIRE EST ICI !!

QUOI ?! DÉCIDÉMENT, QUELLE ANDOUILLE, CELUI-LÀ !!

MORIA A DÛ LUI JOUER UN TOUR ET LE SEMER QUELQUE PART. JE PENSE PAS QU'IL AIT ÉTÉ VAINCU.

AU FAIT OÙ EST LUFFY ?

?!

LES AMIS ! J'AI UNE REQUÊTE À VOUS FORMULER !!

MERCI, ON AVAIT REMARQUÉ ! C'EST JUSTEMENT LE PLAN DE L'ENNEMI, JE TE SIGNALE !!

ET ENSUITE VAINCRE MORIA...

SI J COMPRE BIEN, FAUDI D'ABO BATTRE ZOMBI

LE SQUELETTE ?! IL EST LÀ, LUI ?!

MAIS LE MATIN EST DÉJÀ PRESQUE LÀ !!

POU POUV RÉCU LES OM VOLÉE

En relisant tous les tomes du 1 au 48, j'ai fait une découverte incroyable ! Dans l'épisode 233 de l'épisode, Buggy et ses hommes explorent une caverne à la recherche du trésor d'un certain capitaine John. Et dans l'épisode 451 du tome 47, qui découvre-t-on ? Le capitaine John en personne ! C'est pas dingue comme découverte, ça ?! Vous pouvez nous en dire plus à son sujet ? Jusqu'à quel point était-il cruel ? Dites-nous touuut !!

Bravo, bien vu ! C'est exact, il s'agit bien du même capitaine John devenu zombie. Et si vous regardez bien son abdomen, vous remarquerez deux sabres plantés dans son ventre, témoignant de la mort que lui ont infligée ses hommes pour avoir voulu garder son trésor pour lui tout seul. John est mort et son trésor est devenu légendaire.

Non, non, continuez, je vous en prie. Faites comme si je n'étais pas là.

OK.

En lisant l'épisode 462, le terrible affrontement de Brook et de Ryuma, j'ai remarqué que leurs poses ressemblaient pas mal à de l'escrime. Ayant moi-même pratiqué cette discipline au lycée, je ne pouvais pas laisser passer ça ! En outre, pas mal de termes comme coup droit, bond avant ou remise proviennent du vocabulaire de l'escrime. Pour un inconditionnel de ce sport comme moi, vous n'imaginez pas la joie ! C'est vrai qu'avec sa silhouette élancée, Brook a le profil parfait pour un escrimeur !
(Attention, il vaut mieux porter un masque, sinon bobo !)

Eh oui, c'est bien ça, de l'escrime ! Eh ouais ! Et Brook est un escrimeur ! (C'est comme ça qu'on dit ?)
Bon, sur ce, fin de la rubrique pour cette fois ! Rendez-vous dans le prochain tome !

MERCI, ROBIN ! SANS TOI, J'ÉTAIS UN HOMME MORT !!

WOOOH

BEN, ÇA ALORS... POURQUOI JE M'ÉTIRE PLUS ?

GRIIISH! GRIIISH!

GRUP

GNISHISHI !!

JE... M'ÉTOUFFE !!

...

WOOO

TU T'IMAGINES M'AVOIR NEUTRALISÉ SI FACILEMENT ?

IL M'EN FAUT PLUS QUE ÇA...

...

L'OMBRE...

?!!

HAA

DE MORIA ?!

ZOM

TA TECHNIQUE EST PLUTÔT PAS MAL !

JE DOIS RECONNAÎTRE QUE...

GNISHISHISHI... ON SE LA JOUE BATAILLE À LONGUE DISTANCE ?

GURF !

GNISHI

"QUATRO MANO...

JE NE DO
PAS ME LAIS
PERTURBER
L'OMBRE !

SI JE
NEUTRAL
MORIA P
DE BO
SON OMB
S'ÉVANOUI

SANDY !! ZORROOO !!

EMMÈNE ROBIN À L'ABRI ! VITE !!

HAA

HAA

TADAP

?!

COMPTE SUR MOI !!

J'ESSAYAIS DE DÉTERMINER LA CAUSE DU DÉCÈS D'ODZ, IL Y A CINQ CENTS ANS !!

HAA

ZOM

CHOPPER QU'EST-CE TU FABRIQ LÀ-HAUT

SZ-900

DE QUOI ?!

SI ELLE N'ÉTAIT PAS D'ORIGINE NATURELLE, IL Y A DE FORTES CHANCES POUR QUE CE SOIT UNE BLESSURE QUI AIT PROVOQUÉ SA MORT !!

HEIN ?!

LE RAFISTOLAGE QU'A EFFECTUÉ HOGBACK EST PRODIGIEUX, MAIS IL Y A DE VILAINES TRACES DE GELURES À LA JONCTION !

VISEZ SON BRAS DROIT ! CE N'EST PAS SON MEMBRE D'ORIGINE !!

QU'EST-CE QUE TU FAIS LÀ, TOI ?!

CHAPITRE 478
LUFFY VS LUFFY

J'AI AVALÉ UN TRUC...

QU'EST-CE QUE C'EST ?

?

!!

SCRAPIIII

ZWIIING

JE... J'AI RÉUSSI !!

...

PIPO... QU'EST-CE QUE C'ÉTAIT ?!

HUFF HAA

HAA

REGARDE ! C'EST LA FIN D'ODZ ! VOICI L'OMBRE DE LUFFY QUI S'ÉCHAPPE DE SON CORPS !!

OOH...

ZBUUUUU

DU SEL ?! C'EST QUOI CETTE HISTOIRE ?!

AH, C'EST VRAI QUE T'ES PAS AU COURANT ! LE SEL, C'EST LE POINT FAIBLE DES ZOMBIES !

JE LUI AI FAIT GOBER LE SEL !!

WOOOO OOOO

POURRITURE !! TU T'ES BIEN JOUÉ DE MOI !!

WAAH ! LE SEL !! LE PRÉCIEUX SEL QUE NOUS A APPORTÉ BROOK !!

!!

TU ME FAIS PASSER POUR UN IMBÉCILE !!

POUERK !!

!!

COMME SI JE N'ALLAIS PRENDRE AUCUNE MESURE POUR PALLIER LE POINT FAIBLE DE MON SOLDAT !!

RAAAHH !!

GNISHISHIS MAIS TU [ ]UN SOMB[ ] IMBÉCILE !!

TU Y CROYA[ ] VRAIME[ ]

"STAMP" !

GWOM

- EXTRA -

Dites, M'sieur Oda ! J'ai une idée pour vous soulager un peu dans votre travail : et si vous laissiez les lecteurs s'occuper de dessiner les illustrations en en-tête de la rubrique des questions que tout le monde se pose ? Ça ferait plaisir à tout le monde et vous gagneriez un peu de temps !

Ah ouais, c'est pas bête, ça. Alors allons-y ! À vrai dire, vous étiez déjà nombreux à m'envoyer des dessins pour cet encart, mais je ne pouvais pas les utiliser pour des raisons de taille inappropriée. Je vous indique donc ci-dessous les dimensions qu'il faut utiliser. Votre concours me soulagera grandement, mais attention, quand je voudrai utiliser mes propres illustrations, je ne me gênerai pas, hein ?

"Les questions que tout le monde se pose"

 5.5cm

14cm

← Voilà pour les dimensions. Vous n'avez qu'à utiliser une carte postale à l'horizontale.

Petite précision : j'accepte volontiers votre aide, mais il n'y a rien à gagner !

* Vous avez été déjà nombreux à m'envoyer des questions à l'attention des doubleurs de l'animé, mais encore un peu de patience pour les réponses. Ceci dit, la majorité des questions sont très sérieuses. Il faut vous lâcher !

Mayumi TANAKA

Kazuya NAKAI

Akemi OKAMURA

Kappei YAMAGUCHI

Hiroaki HIRATA

Ikue OTANI

Yuriko YAMAGUCHI

Kazuki YAO

CHAPITRE 479
LE GUERRIER DE L'ESPOIR

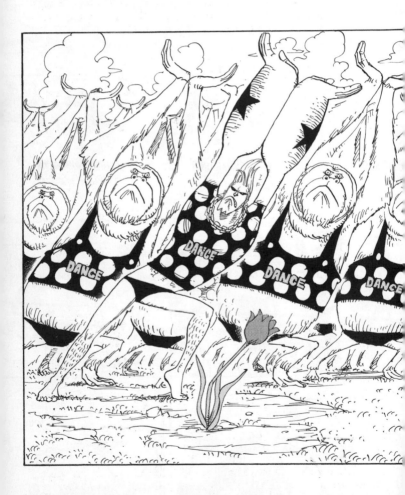

ELLES JAILLISSENT DE TOUT SON CORPS !

C'EST DONC BIEN ELLES QUI LUI DONNAIENT CETTE APPARENCE !!

LES OMBRES SE RETIRENT !

SCRASH

UUH !

!!

LUFFY !!

IL A VAINCU ODZ ET MORIA !!

AAAH !!

MWAAAH !!

ZWUSH

WAAAH

HOURRA POUR NOTRE SAUVEUR !!

IL A RÉUSSI... IL A GAGNÉ !!

LUFFY ! ÇA VA ?!

LUFFY ?!!

AAAH

!!

!!

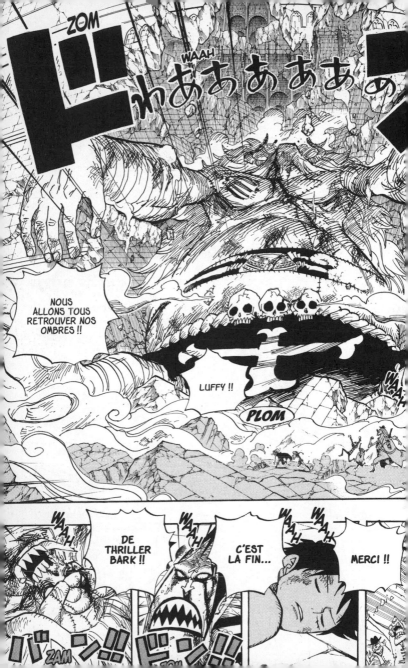

CHAPITRE 480
CONTRE-ATTAQUE

ET ON A UTILISÉ TOUTES LES OMBRES QU'ON AVAIT EN STOCK !!

ON N'A PLUS AUCUNE CHANCE D'ESTOURBIR CE FOUTU MONSTRE !!

ARGL... TOUT EST FOUTU !

TOUS LES GARS DU CHAPEAU DE PAILLE SONT À MOITIÉ ESTROPIÉS !!

DAMNATION !!

J'AI RIEN SENTI DU TOUT !!

GWOO

GMSH

C'EST TERMINÉ, LE JOUR VA SE LEVER !!

NOUS SOMMES DONC CONDAMNÉS À FINIR NOTRE EXISTENCE COMME DES RATS DANS LA PÉNOMBRE !!

ON NE PEUT DONC PAS LUTTER PAR LA FORCE CONTRE CES MAUDITES CRÉATURES !!

CES SATANÉS ZOMBIES SONT VRAIMENT INCREVABLES !!

QUE... QUOI ?!

?!!

STAP

WAAH

WAAH

REGAGNONS VITE LA FORÊT !!

SOUS LE FEUILLAGE DES ARBRES, NOUS SOMMES À L'ABRI DES RAYONS DU SOLEIL !!

WAAH

FAUT SE FAIRE UNE RAISON !

INUTILE DE RESTER ICI SI ON VEUT PAS MOURIR !!

J'AI BESOIN DE GRIMPER DANS LES AIRS !

JE SUIS LÀ.

STAP

ROBIN !!

AH ! ELLE S'ÉTAIT DONC PAS ENFUIE !!

TU TOMBES BIEN, BROOK ! J'AI UN SERVICE À TE DEMANDER !

GWAAH !! LE SQUELETTE S'EST RANIMÉ !!

COMMENT ÇA SE PEUT ?!!

MOI AUSSI, SI JE PEUX ME RENDRE UTILE...

ENTENDU, JE VAIS T'ARRANGER ÇA.

ON AVAIT TOUT FAUX ! ILS SE SONT PAS DÉBINÉS DU TOUT !!

-ZOM

OH ! LA ROUQUINE EST LÀ-HAUT !!

C'EST BIEN CE QUE JE PENSAIS ! TOUT LE MONDE EST EN POSITION POUR LA RIPOSTE !!

À L'INSTANT OÙ ODZ S'EST RELEVÉ...

CHAPITRE 481
L'ASGARD DES OMBRES

ODZ EST VAINCU !!

ET POUR DE BON !!

CE COUP-CI, IL N'Y A AUCUNE CHANCE POUR QU'IL SE RELÈVE !!

QUE VA DEVENIR...

!!

THRILLER BARK ?!

DZOM

JE COMPTE SUR VOUS POUR ASSURER LA SUITE !

DWUUUM

!!

MORIA !!

SI ÇA TE PLAÎT DE CAUCHEMARDER, TANT MIEUX POUR TOI !!

MAIS N'ENTRAÎNE PAS LES AUTRES DANS TES DÉLIRES !!

Fin du tome 49

Tite Kubo

BLEACH

Lycéen de 15 ans, Ichigo Kurosaki possède un don très spécial : il peut voir les esprits. Un jour, attaqué par un monstre appelé Hollow, il rencontre Rukia Kuchiki, une Shinigami ou "dieu de la mort", qui lui confie accidentellement la totalité de ses pouvoirs. Ichigo doit alors apprendre à gérer sa vie de lycéen tout en assumant ses nouveaux devoirs de chasseur de démons.

Avec son graphisme soigné et son rythme trépidant, *Bleach* est définitivement le plus rock'n'roll des shônen d'action !

Un lycéen ordinaire au don particulier…

COLLECTION SHONEN

Katsura Hoshino

D.GRAY-MAN

À la fin du XIXe siècle, des créatures maléfiques, les Akuma, ont envahi le monde. Issus des expériences scientifiques du Comte millénaire, ils s'attaquent aux humains, leur infligeant tristesse et désespoir. Défiguré et doté d'un bras de démon, le jeune Allen Walker met ses pouvoirs extraordinaires au service des exorcistes, une organisation secrète qui tente de combattre le Comte.

Avec son univers sombre et mélancolique, cette série fantastique et horrifique est une véritable œuvre d'art à part entière.

La chasse aux démons a commencé

vol. **1**

prologue

D.Gray-man

Glénat

星野桂 KATSURA HOSHINO

EDITION
FRANÇAISE

Akira Amano

REBORN

Tsuna n'a pas la vie facile : lycéen médiocre et loser pur jus, il est dernier partout et, pour ne rien arranger, amoureux transis de Kyoko, la plus jolie fille du lycée. Jusqu'à ce que débarque son nouveau tuteur : Reborn, un bébé tueur à gages envoyé par un parrain de la mafia. Sa vraie mission : faire du jeune garçon le 10ᵉ parrain de la puissante famille Vongola.

Farfelu et complètement décalé, *Reborn* est un shônen hilarant basé sur un concept étonnant : la résurrection et la "puissance de la dernière volonté !"

La mafia cherche son successeur

KATEKYO HITMAN REBORN! © 2004 by Akira Amano / SHUEISHA Inc.

Y. Murata et R. Inagaki

EYESHIELD 21

Timide et fragile, Sena est le larbin de ses camarades de classe depuis la maternelle. Mais lors de son entrée au lycée, il est remarqué par Hiruma, le redoutable quarterback des Deimon Devil Bats, l'équipe de football américain de l'école. Grâce à son jeu de jambes hors du commun, Sena ne tarde pas à devenir leur arme secrète, le mystérieux running back Eyeshield 21 !

Avec son humour ravageur et ses scènes d'actions spectaculaires, *Eyeshield 21* est une plongée jouissive et déjantée dans le monde sans pitié du sport !

La bombe sportive du *Shonen jump*

Norihiro Yagi

CLAYMORE

Dans un monde médiéval, des démons attaquent et dévorent la population. Les villageois ne peuvent survivre qu'en faisant appel aux claymores, des femmes mi-humaines mi-démons aux pouvoirs gigantesques. Raki, un jeune garçon dont la famille a été décimée, décide d'accompagner Claire, la claymore qui lui a sauvé la vie, et découvre peu à peu le destin tragique de ces jeunes femmes.

Épique et flamboyant, *Claymore* est un pur récit d'heroic fantasy qui ravira les amateurs de combats sanglants et démesurés.

Les tueuses aux yeux d'argent, seules capables de résister aux démons

CLAYMORE

Yusei Matsui

NEURO
Le Mange-Mystères

Yako, une jeune lycéenne, vient de perdre son père dans de bien étranges circonstances. Elle croise alors le chemin de Neuro, un démon doté de pouvoirs incroyables et terrifiants, venu sur Terre pour se nourrir de ses mystères. Son but : découvrir l'énigme ultime qui le rassasiera pour l'éternité. Pour parvenir à ses fins, il incite Yako à devenir détective du paranormal à ses côtés. Fantastique et déjantée, *Neuro* est une série policière servie par un graphisme audacieux et un scénario machiavélique.

Des énigmes vicieuses mais délicieuses

La faim
encéphalique

Glénat

Yusei
Matsui

ONE PIECE

© 1997 by Eiichiro Oda
All rights reserved.
First published in Japan in 1997 by SHUEISHA Inc., Tokyo.
French translation rights in France, French-speaking Belgium, Luxembourg,
Monaco, Switzerland and Canada arranged by SHUEISHA Inc.
through VIZ Media, LLC, U.S.A.

Édition française
Traduction : Sylvain Chollet
Correction : Thomas Lameth
Lettrage : Bakayaro!

© 2009, Éditions Glénat
BP 177, 38008 Grenoble Cedex.
ISBN : 978-2-7234-6879-4
ISSN : 1253-1928
Dépôt légal : mai 2009

Imprimé en France en janvier 2010 par Herissey-CPI
sur papier provenant de forêts gérées de manière durable.

www.glenatmanga.com